HMH

# expresiones en matemáticas

Dra. Karen C. Fuson

## Haz la tarea y recuerda

Grado K

Volumen 1

This material is based upon work supported by the
**National Science Foundation**
under Grant Numbers
ESI-9816320, REC-9806020, and RED-935373.

Any opinions, findings, and conclusions, or recommendations expressed in this material are those of the author and do not necessarily reflect the views of the National Science Foundation.

HMH



Printed in the U.S.A.

ISBN 978-1-328-51988-7

5 6 7 8 MP 27 26 25 24

4500883841 A B C D E F G

**1-11**
**Haz la tarea**

Nombre ______________________________

| Dibuja 5 árboles | Dibuja 3 abejas. |
| --- | --- |
| Dibuja 4 rocas. | Dibuja 2 calcetines. |



**En la siguiente página** Dibuja 3 personas.

Nombre

**1-13**
**Haz la tarea**

Nombre ______________________________

Ve de izquierda a derecha. Encierra en un círculo grupos del número. Marca con una X los grupos que no son el número.

3 

4 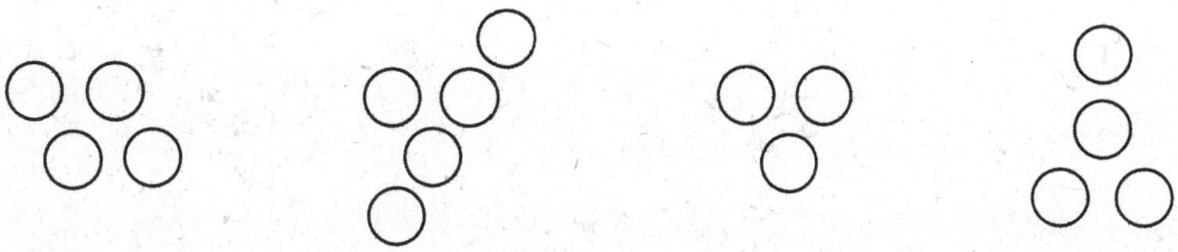

5 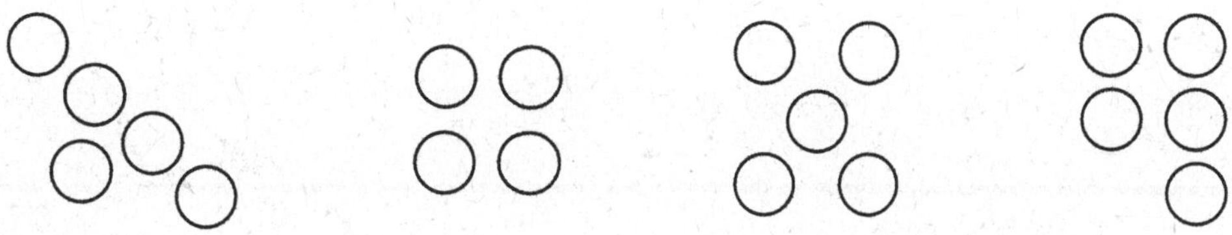

2 

**En la siguiente página** Dibuja un grupo de 5 cuadrados. Luego practica la escritura del número 3.

Nombre ______________________

3 3 3 3 3 3 3 3

3

3 3 3

3

1-14
Haz la tarea

Nombre

| Dibuja 5 huevos. | Dibuja 2 piernas. |
| --- | --- |
| Dibuja 4 botes. | Dibuja 3 abrigos. |



**En la siguiente página** Dibuja 2 cabras. Luego practica la escritura del número 4.

Nombre ______________________________

4 4 4 4 4 4 4 4

4

4 4 4

4

1-15
## Haz la tarea

Nombre ______________________________

Ve de izquierda a derecha. Encierra en un círculo grupos del número. Marca con una X los grupos que no son el número.

3

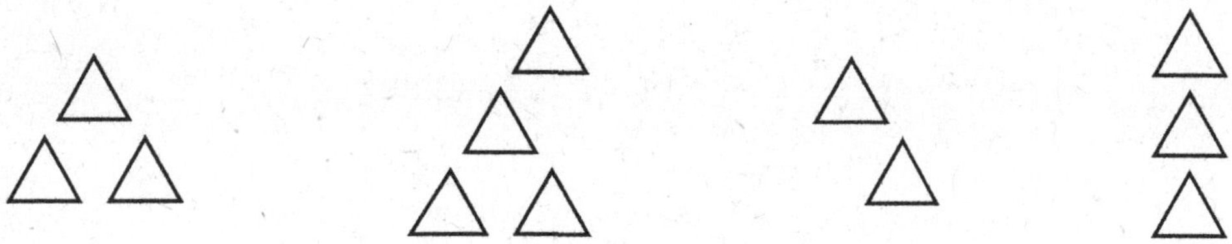

4

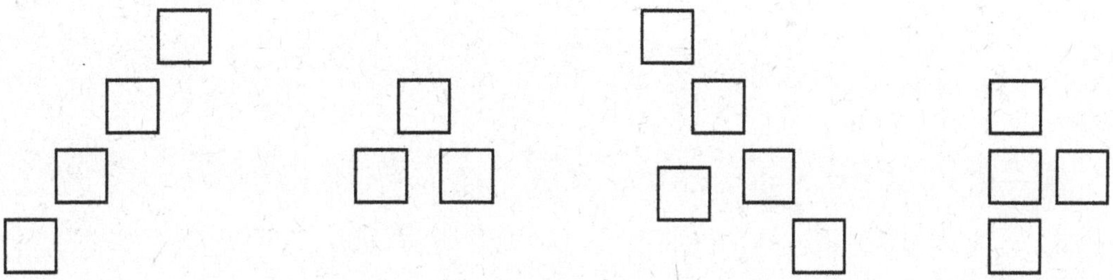

5

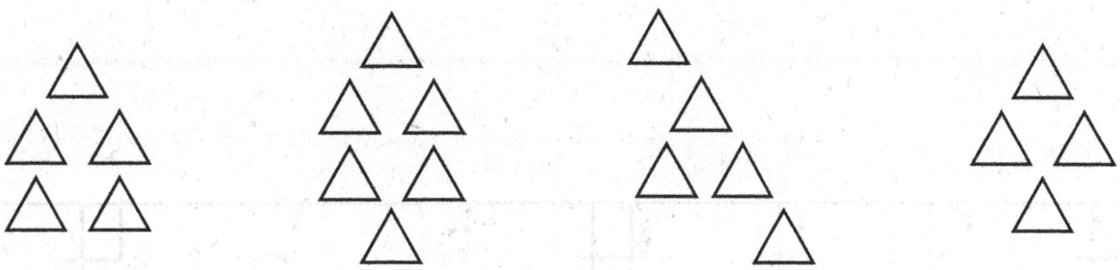

2

**En la siguiente página** Dibuja 4 rectángulos. Luego practica la escritura del número 4.

Nombre ____________________

4 4 4 4 4 4 4 4

4

4 4 4

4

**1-16**
**Haz la tarea**

Nombre ______________________________

Ve de izquierda a derecha. Encierra en un círculo grupos del número. Marca con una X los grupos que no son el número.

3
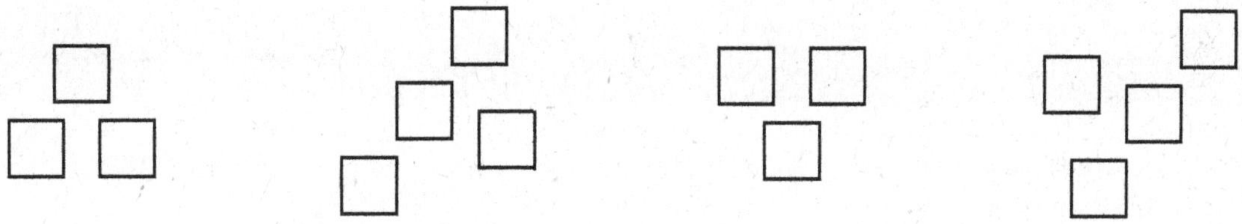

4

5
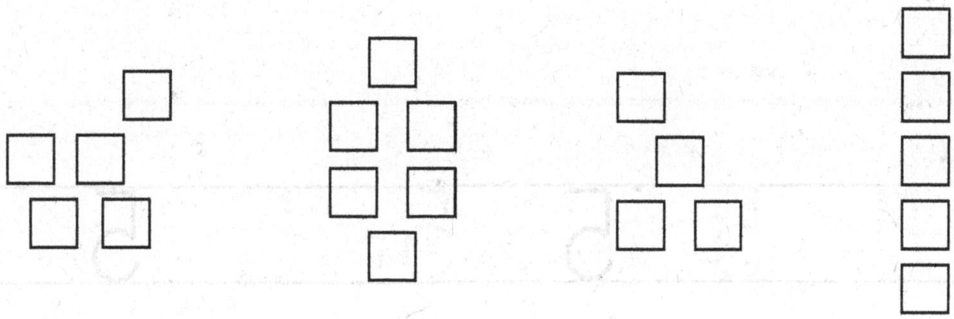

2

**En la siguiente página** Dibuja un grupo de 5 cerezas. Luego practica la escritura del número 5.

Nombre ______________________________

5 5 5 5 5 5 5 5

5

5 5 5

5

Nombre ______________________________

Conecta los puntos en orden.

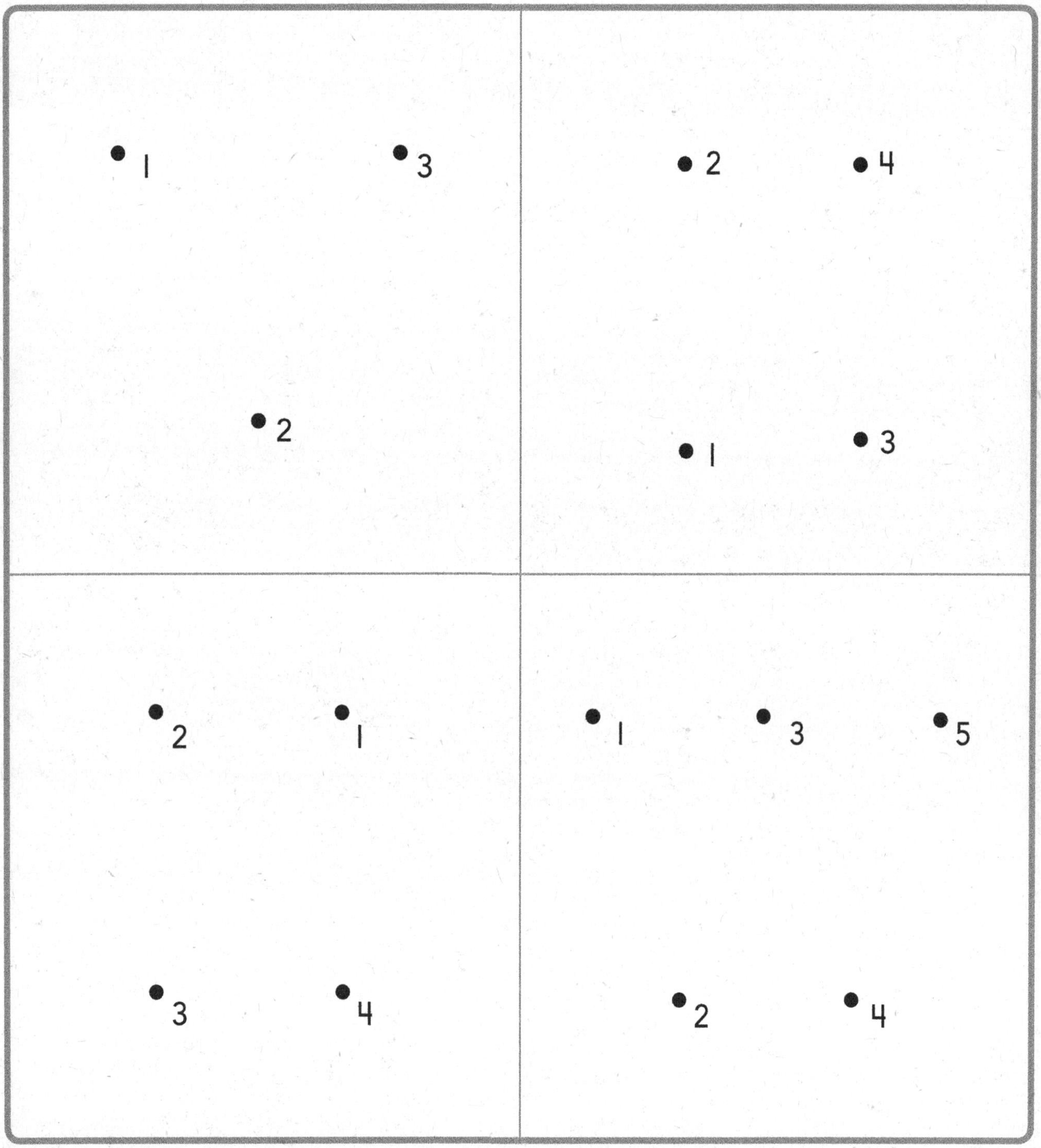




**En la siguiente página** Practica el dibujo de líneas rectas. Dibuja líneas que vayan hacia arriba y hacia abajo. También dibuja líneas de izquierda a derecha.

Nombre

2-2
## Haz la tarea

Nombre ______________________

Ve de izquierda a derecha. Encierra en un círculo grupos del número. Marca con una X los grupos que no son el número.

2

5

4

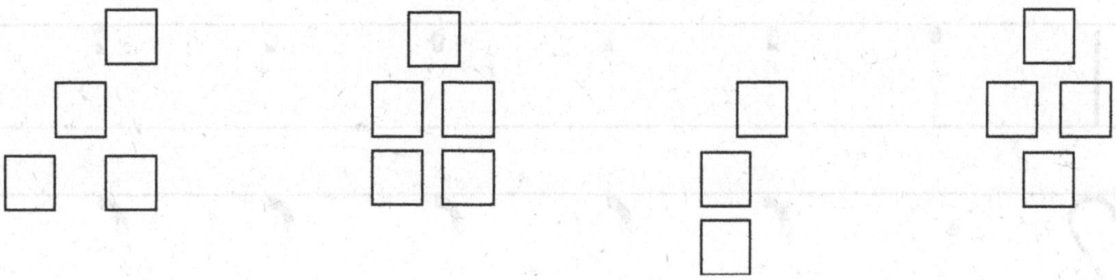

3

**En la siguiente página** Dibuja un grupo de 6. Luego practica la escritura de los números 1, 2, 3, 4 y 5.

Nombre ______________________________

1 1

2 2

3 3

4 4

5 5

**2-3**
**Haz la tarea**

Nombre ______________________

Encierra en un círculo grupos del número. Marca con una X los grupos que no son el número.

6
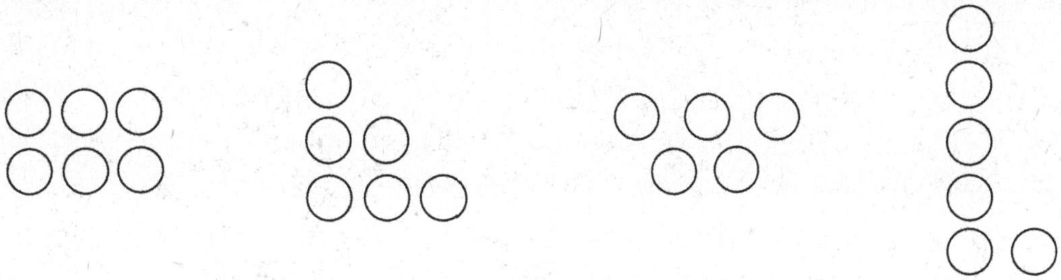

7
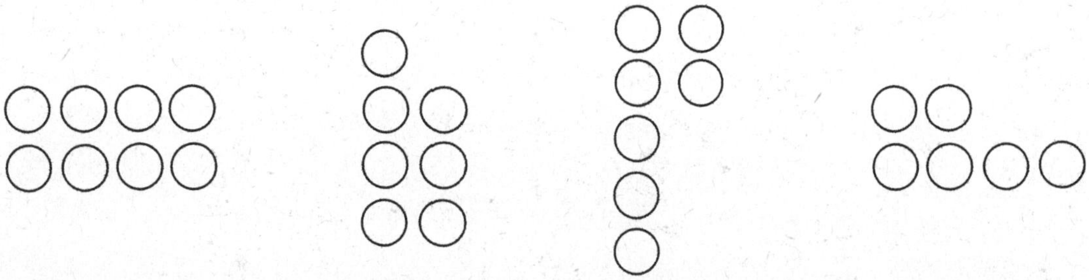

8
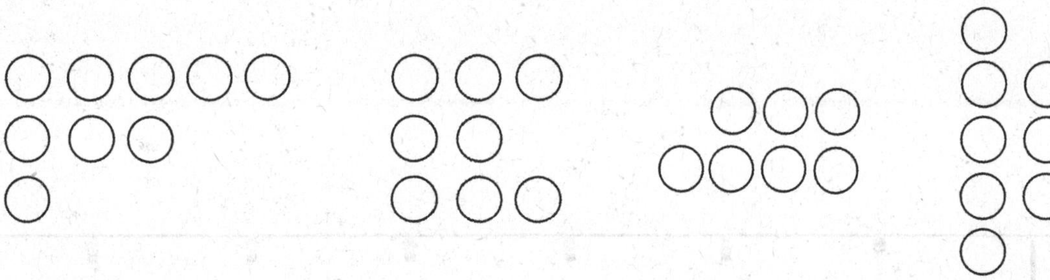

9
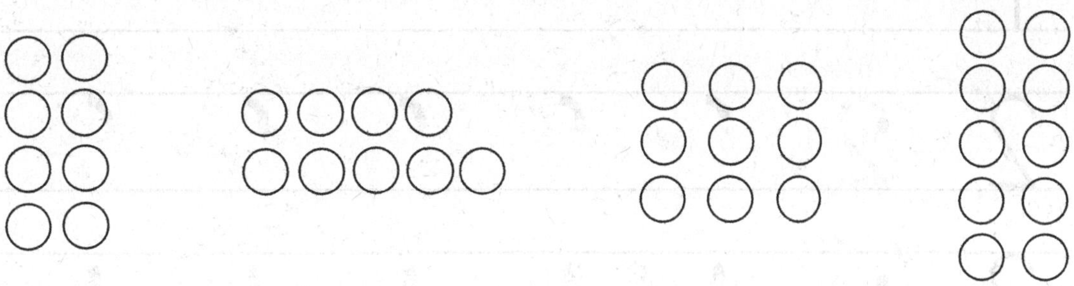

10
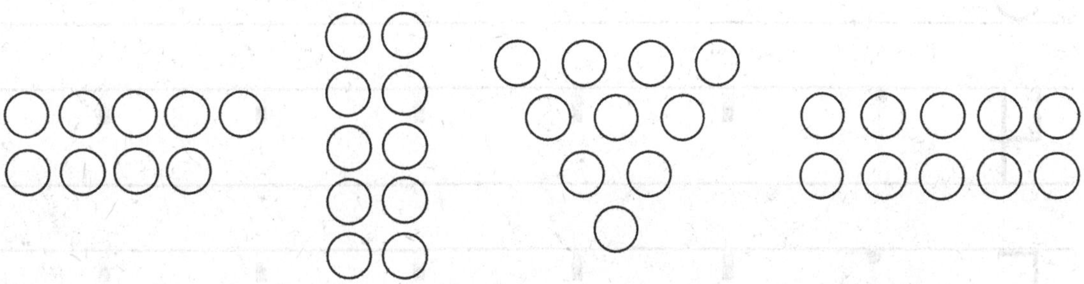



**En la siguiente página** Dibuja un grupo de 6. Luego practica la escritura de los números 1, 2, 3, 4 y 5.

Nombre ______________________________

1 1

2 2

3 3

4 4

5 5

## 2-5
## Haz la tarea

Nombre ____________________

Encierra en un círculo grupos del número. Marca con una X los grupos que no son el número.

**6**

**7**

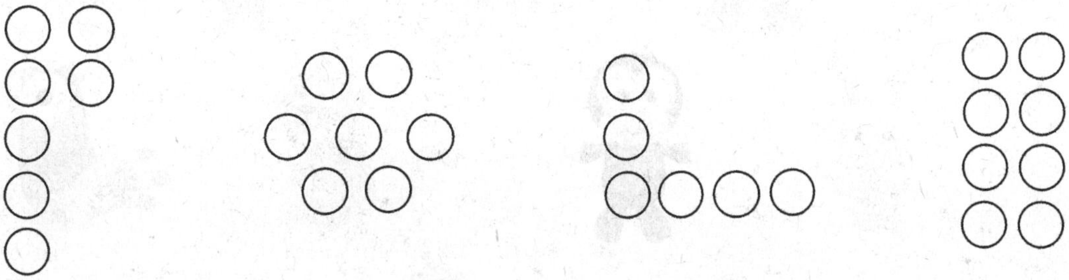

**8**

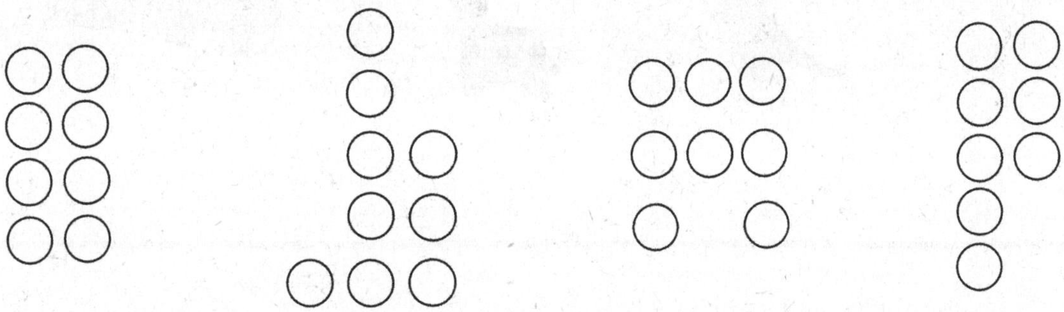

**9**

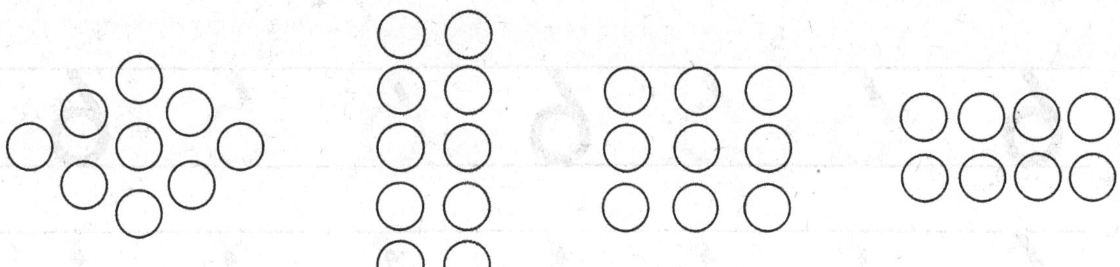

**10**

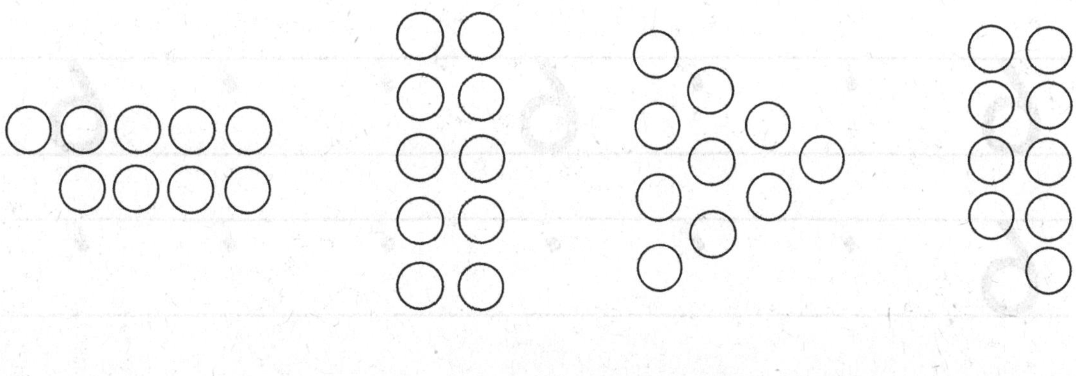

Nombre ______________________________

Encierra en un círculo 6 objetos del siguiente conjunto.

Practica la escritura del número 6.

6 6 6 6 6 6 6 6

6

6 6 6

6

**2-6**
**Haz la tarea**

Nombre ______________________

Escribe los números 4 y 5.

4 4 4 4 4 4 4 4

4

4 4 4

Dibuja 4 objetos.

Dibuja 4 círculos.

5 5 5 5 5 5 5 5

5

5 5 5

Dibuja 5 objetos.

Dibuja 5 triángulos.



**En la siguiente página** Dibuja 10 animales.

Nombre ____________________

2-7
## Haz la tarea

Nombre ____________________

Conecta los puntos en orden.

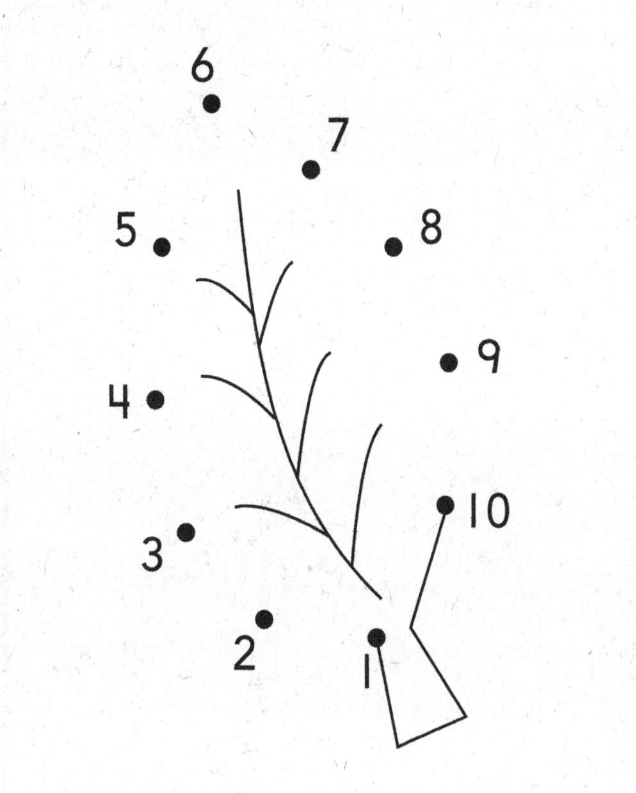


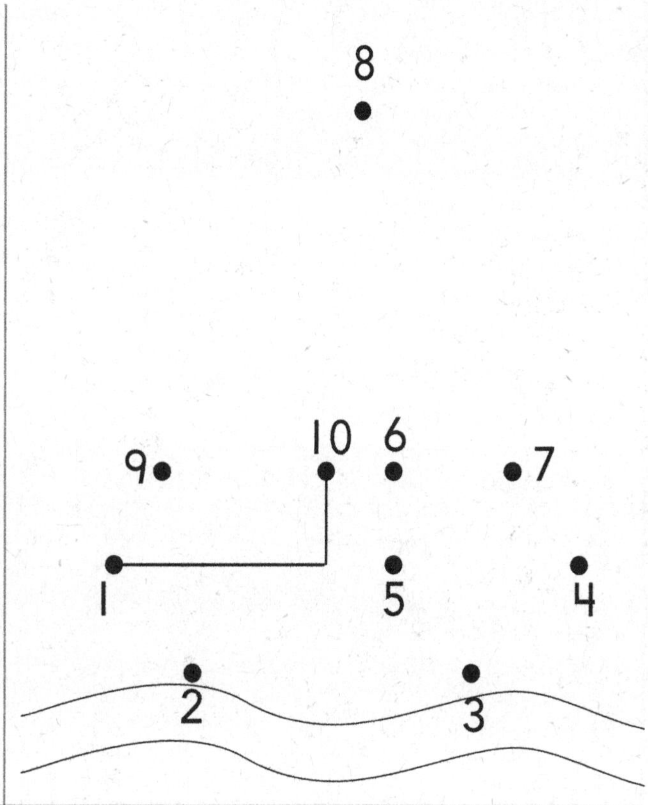


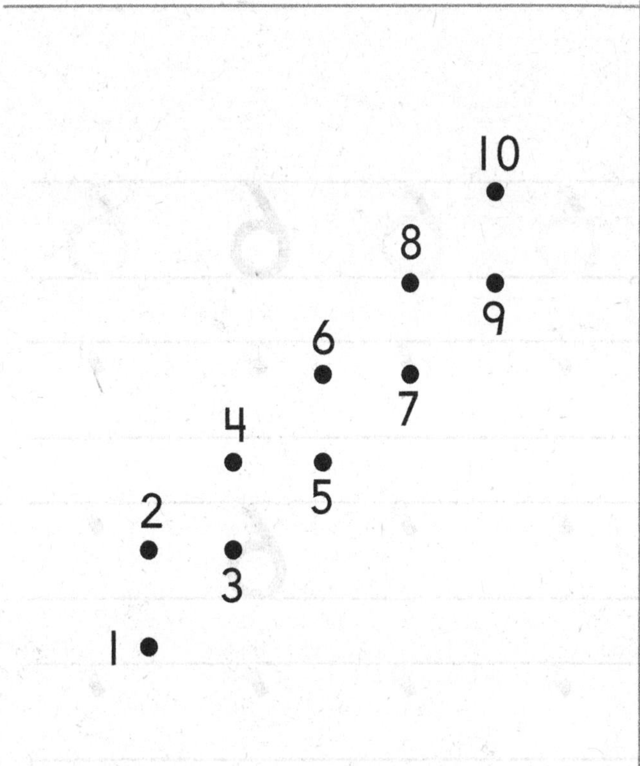


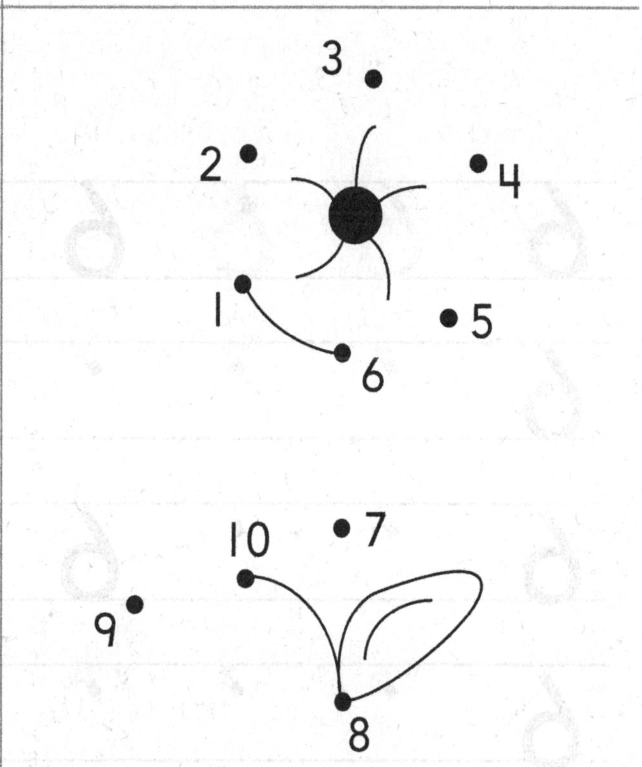




**En la siguiente página** Dibuja 6 flores. Luego practica la escritura del número 6.

Nombre ______________________________

6 6 6 6 6 6 6 6

6

6 6 6

6

**2-8**
**Haz la tarea**

Nombre ______________________________

Encierra en un círculo grupos del número. Marca con una X los grupos que no son el número.

6 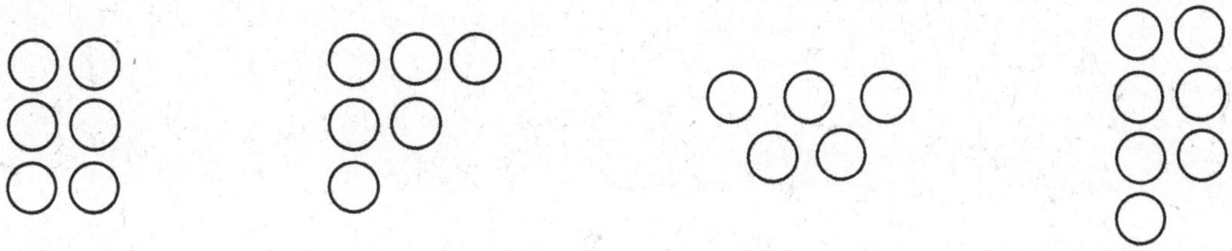

7 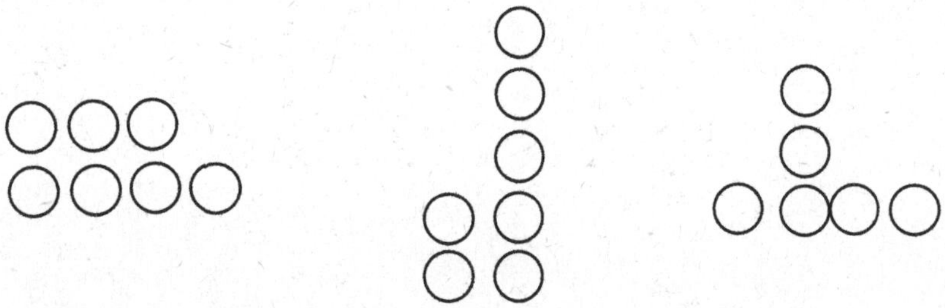

8 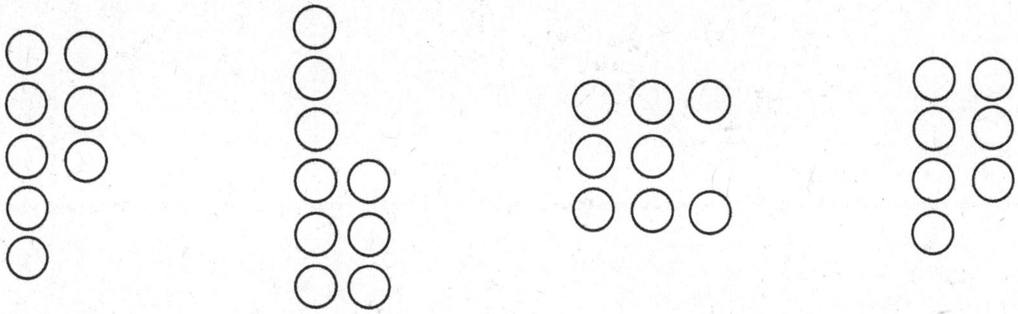

9 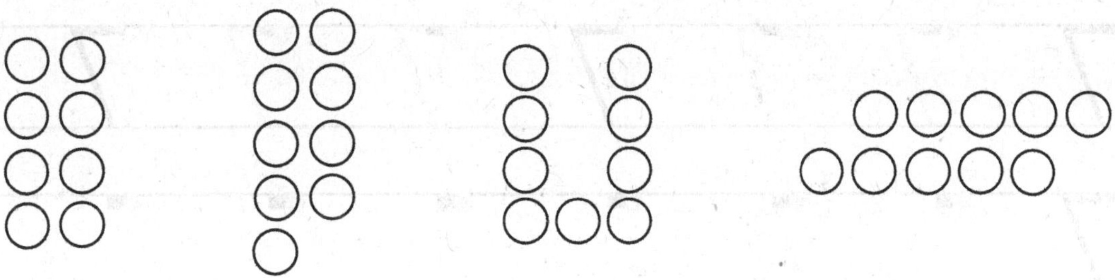

10 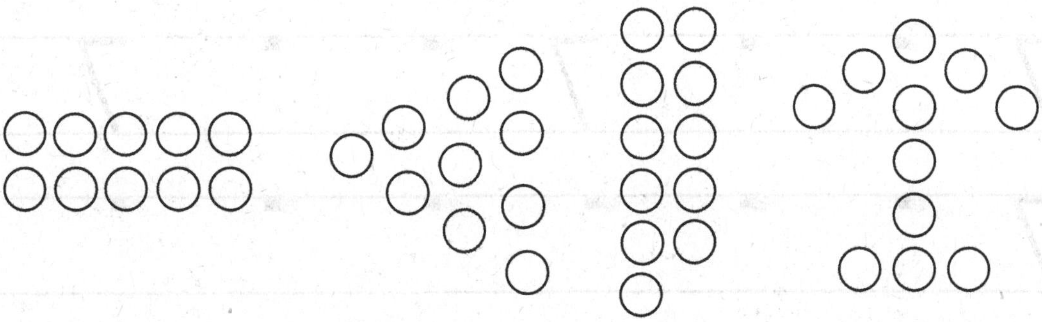

**En la siguiente página** Dibuja un grupo de 7 rectángulos. Luego practica la escritura del número 7.

Nombre

7 7 7 7 7 7 7 7

7

7 7 7

7

2-9
**Haz la tarea**

Nombre ____________________

Dibuja figuras en cada recuadro para mostrar ese número.

| 5 | 6 |
|---|---|
| 7 | 8 |
| 10 | |



**En la siguiente página** Dibuja 8 círculos. Practica la escritura de los números del 1 al 7.

Nombre ______________________________

| 1 | 2 | 3 | 4 | 5 | 6 | 7 | 8 | 9 | 10 |
|---|---|---|---|---|---|---|---|---|---|
| 1 | | | | | 6 | | 8 | 9 | 10 |

**2-10**
**Haz la tarea**

Nombre ____________________

Encierra en un círculo grupos del número. Marca con una X los grupos que no son el número.

6
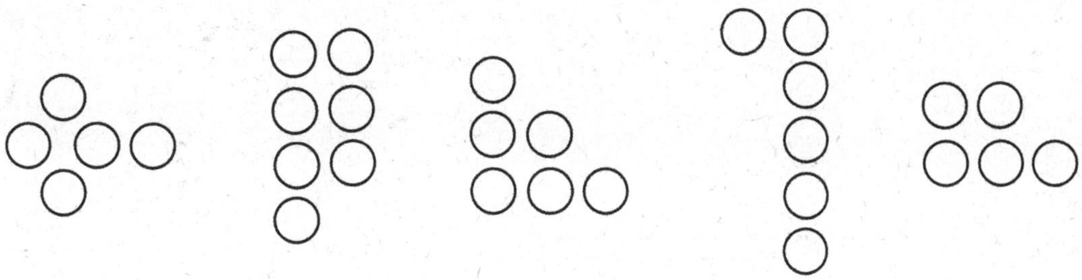

7
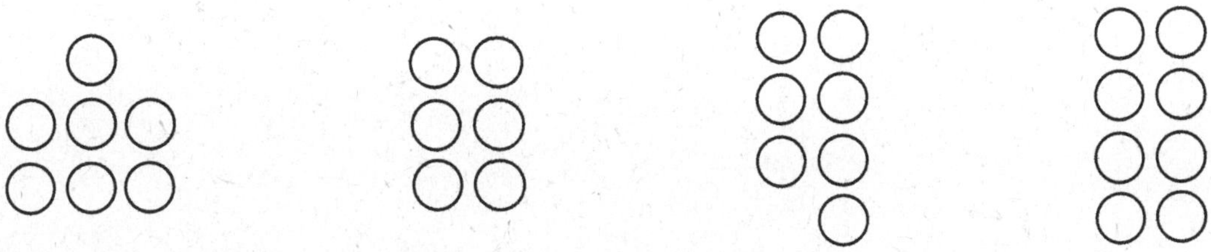

8
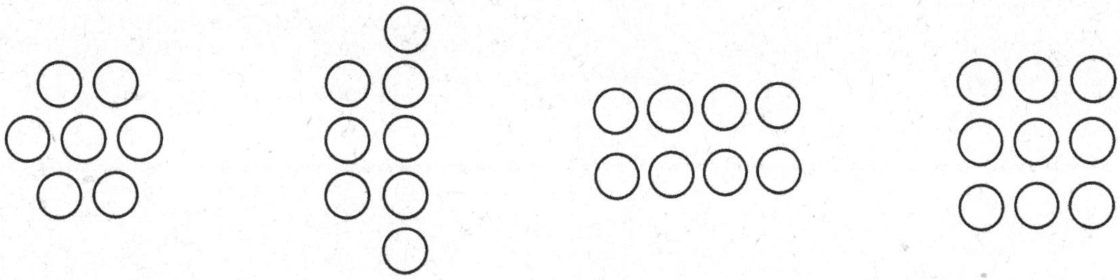

9
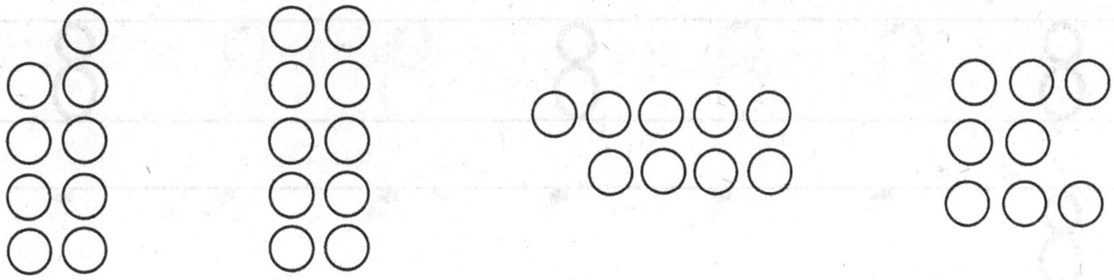

10
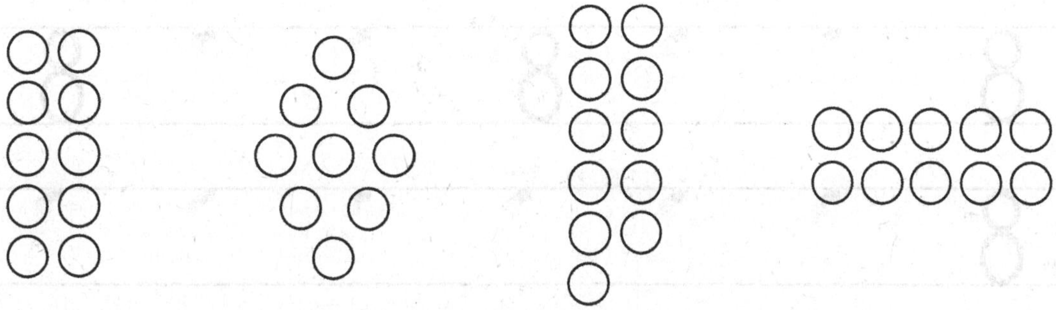

**En la siguiente página** Dibuja 8 insectos. Luego practica la escritura del número 8.

Nombre ______________________________

8 8 8 8 8 8 8 8

8

8 8 8

8

**2-11**
**Haz la tarea**

Nombre ____________________

Usa un lápiz o un marcador.
Escribe cada número 2 veces.

4 

6 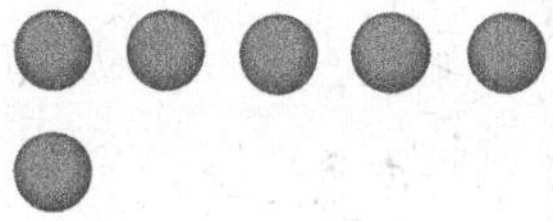

Escribe los números del 1 al 8.

| | | | | | | | |
|---|---|---|---|---|---|---|---|
| | | | | | | | |

**En la siguiente página** Dibuja 9 zanahorias. Luego practica la escritura del número 9.

Nombre

9 9 9 9 9 9 9 9

9

9 9 9

9

© Houghton Mifflin Harcourt Publishing Company

2-12
**Haz la tarea**

Nombre ______________________________

| Dibuja 6 sombreros. | Dibuja 9 tapetes. |
| --- | --- |

| Dibuja 7 gatitos. | Dibuja 8 bates. |
| --- | --- |



**En la siguiente página** Escribe los números del 1 al 9 de todos los tamaños posibles.

Nombre

**2-14**
**Haz la tarea**

Nombre ______________________

Encierra en un círculo grupos del número. Marca con una X los grupos que no son el número.

6 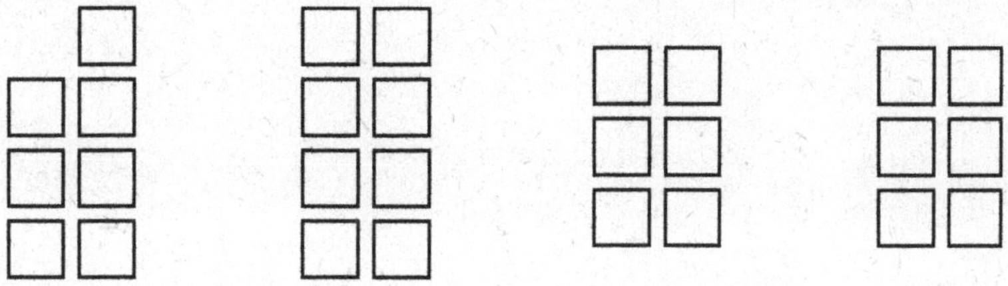

7 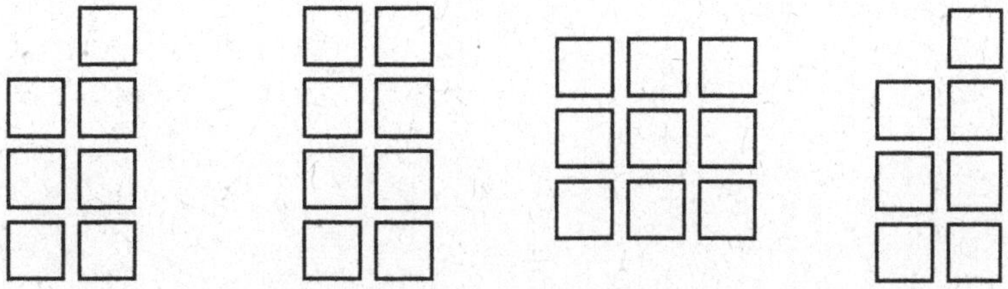

8 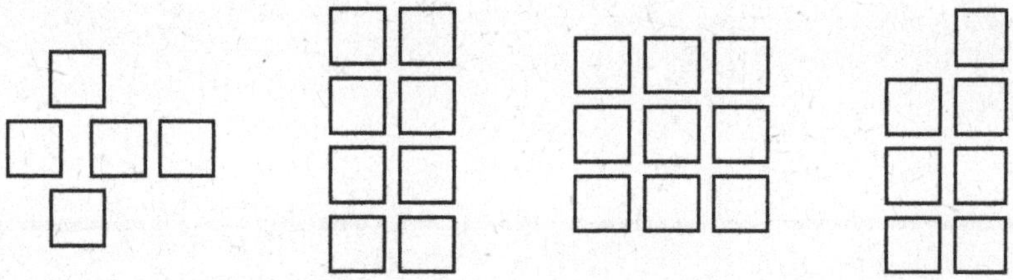

9 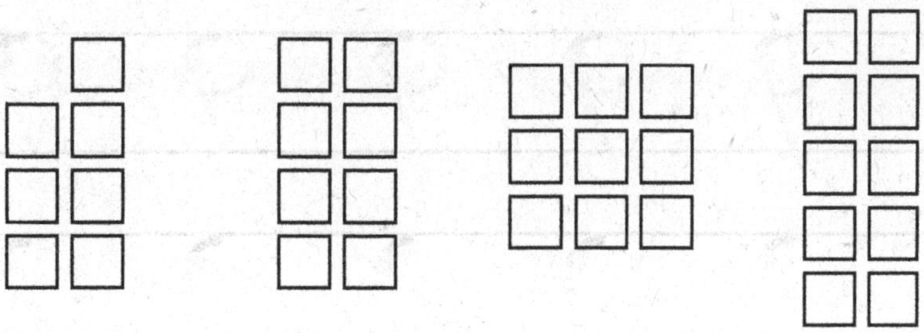

10 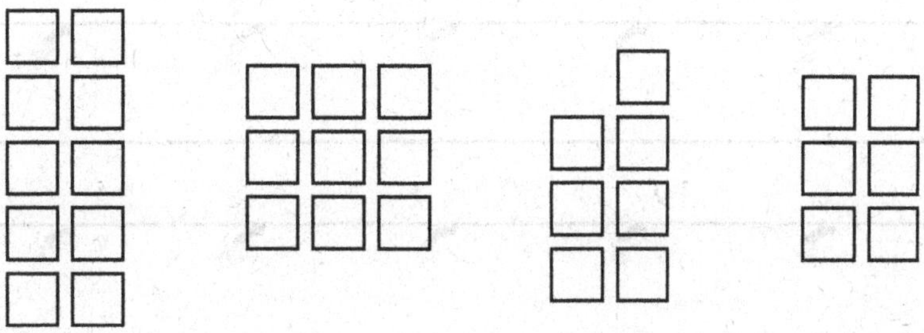

**En la siguiente página** Dibuja 9 círculos. Luego practica la escritura del número 9.

Nombre

9

9

9

9

## 2-15
## Haz la tarea

Nombre ____________________

Usa un lápiz o un marcador.
Escribe cada número 2 veces.

4

8

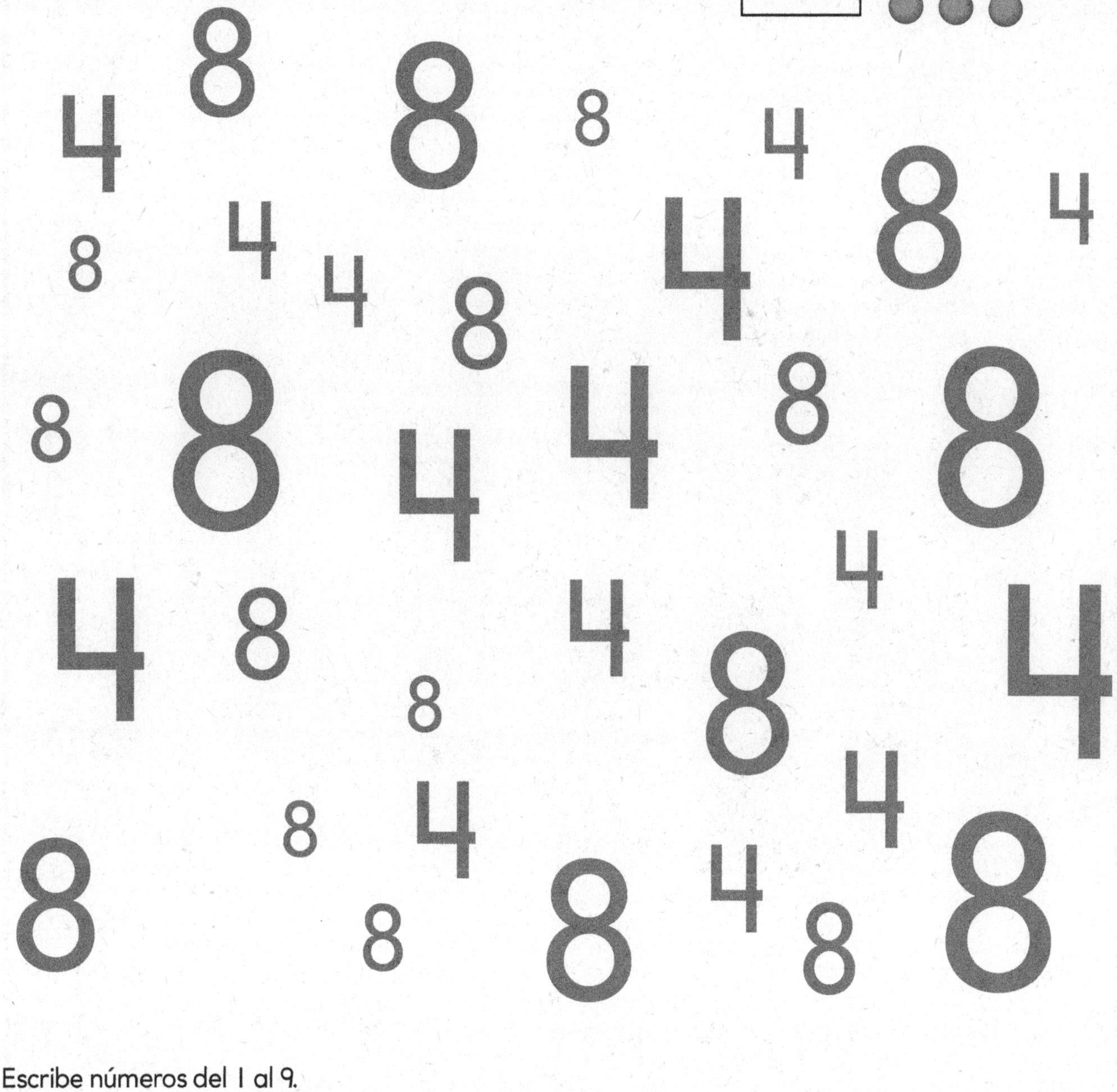

Escribe números del 1 al 9.

**En la siguiente página** Haz un dibujo de 4 niños que juegan.

Nombre

**2-16**
**Haz la tarea**

Nombre ____________________

| Dibuja 7 carritos. | Dibuja 6 frascos. |
|---|---|

| Dibuja 9 libros. | Dibuja 8 ganchos. |
|---|---|



**En la siguiente página** Dibuja un grupo de 10. Luego practica la escritura del número 10.

Nombre

10 10 10 10 10

10

10

10

**2-18**
**Haz la tarea**

Nombre ______________________________

Usa un lápiz o un marcador.
Escribe cada número 2 veces.

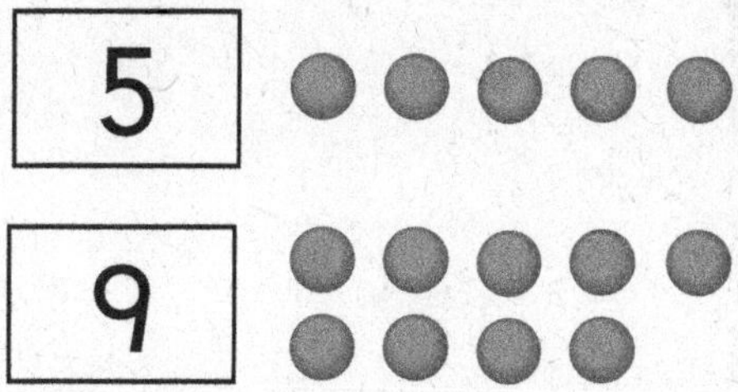

Escribe los números del 1 al 10.

| | | | | | | | | | |
|---|---|---|---|---|---|---|---|---|---|
| | | | | | | | | | |

**En la siguiente página** Escribe los números del 1 al 9 de todos los tamaños posibles.

Nombre ______________________________

2-19
**Haz la tarea**

Nombre

Practica la escritura de los números en orden.

| | | | | | | | | | |
|---|---|---|---|---|---|---|---|---|---|
| 1 | 2 | | | 5 | | 7 | | | 10 |

| | | | | | | | | | |
|---|---|---|---|---|---|---|---|---|---|
| | 2 | 3 | 4 | | | 7 | | 9 | |

| | | | | | | | | | |
|---|---|---|---|---|---|---|---|---|---|
| 0 | 1 | 2 | | 4 | | 6 | | 8 | |

| | | | | | | | | | |
|---|---|---|---|---|---|---|---|---|---|
| 0 | | | 3 | | 5 | | 7 | | 9 |

Comienza en 1. Escribe los números en orden.

| | | | | | | | | | |
|---|---|---|---|---|---|---|---|---|---|
| | | | | | | | | | |

Comienza en 0. Escribe los números en orden.

| | | | | | | | | | |
|---|---|---|---|---|---|---|---|---|---|
| | | | | | | | | | |



**En la siguiente página** Practica la escritura de los números del 1 al 6.

Nombre

1 1

2 2

3 3

4 4

5 5

6 6

7 7

8 8

9 9

10 10

3-2
**Haz la tarea**

Nombre ______________________

Usa un lápiz o un marcador. Escribe todos los números 2 veces.

3 

8 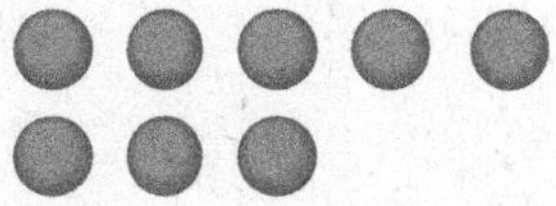

Escribe números del 1 al 10.

| | | | | | | | | | |
|---|---|---|---|---|---|---|---|---|---|
| | | | | | | | | | |

**En la siguiente página** Escribe el número 8 y dibuja 8 árboles.

Nombre

Nombre ______________________

Escribe el número.

1

2
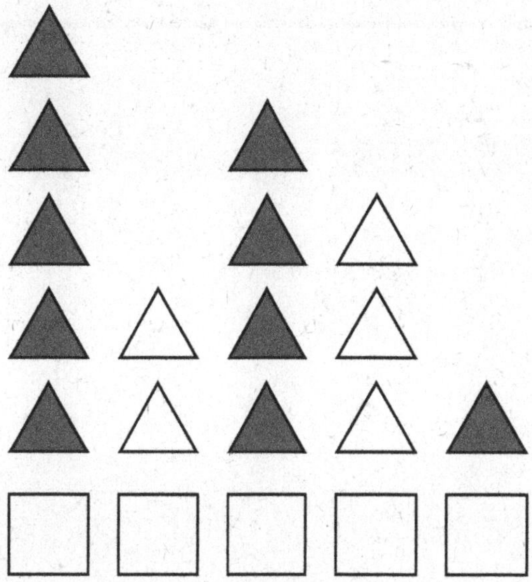

3

4
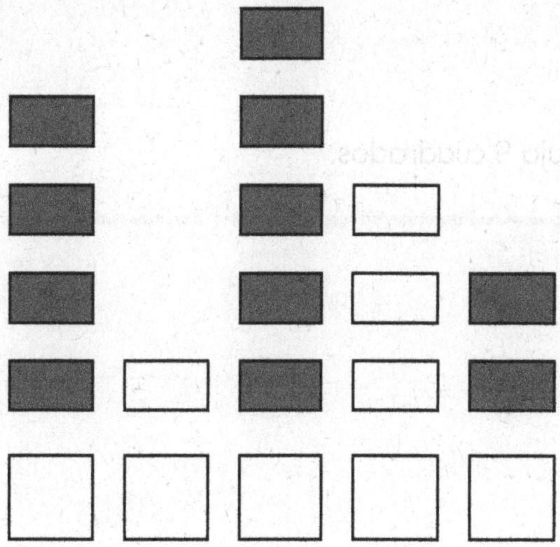

5 Escribe los números del 1 al 10.

En la siguiente página Haz los dibujos.

Nombre

Dibuja 7 manzanas.

Dibuja 9 cuadrados.

3-7
**Haz la tarea**

Nombre ______________________

Escribe el número.

**1**

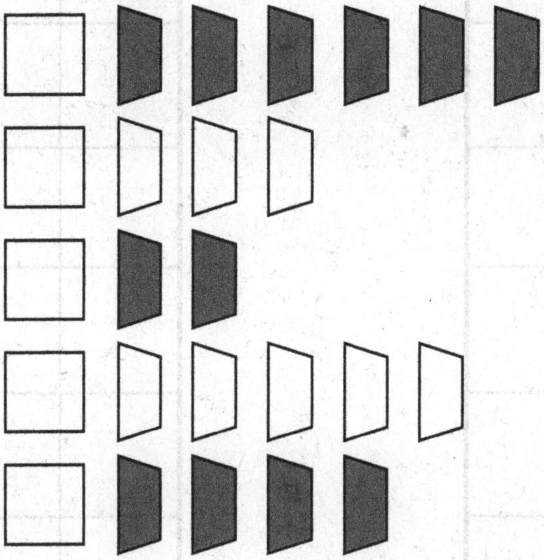

**2**

**3** Escribe el número.

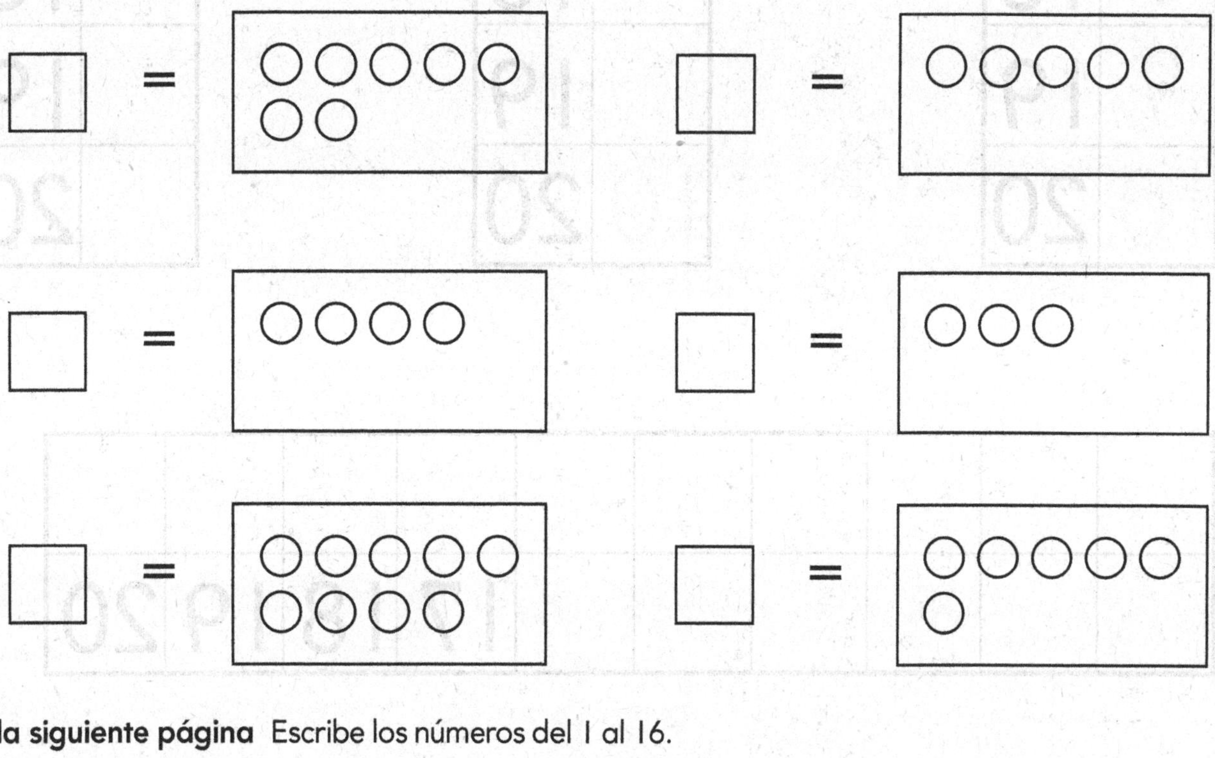



**En la siguiente página** Escribe los números del 1 al 16.

Nombre ____________________

| | |
|---|---|
| 1 | 11 |
| 2 | 12 |
| 3 | 13 |
| 4 | 14 |
| 5 | 15 |
| 6 | 16 |
| 7 | 17 |
| 8 | 18 |
| 9 | 19 |
| 10 | 20 |

| | |
|---|---|
| 1 | 11 |
| | |
| | |
| | |
| | |
| | |
| | 17 |
| | 18 |
| | 19 |
| 10 | 20 |

| | |
|---|---|
| | |
| | |
| | |
| | |
| | |
| | |
| | 17 |
| | 18 |
| | 19 |
| | 20 |

| | | | | | | | | | |
|---|---|---|---|---|---|---|---|---|---|
| | | | | | | | | | |
| | | | | | | 17 | 18 | 19 | 20 |

**3-8**
**Haz la tarea**

Nombre ______________________________

Escribe el número.

**1**
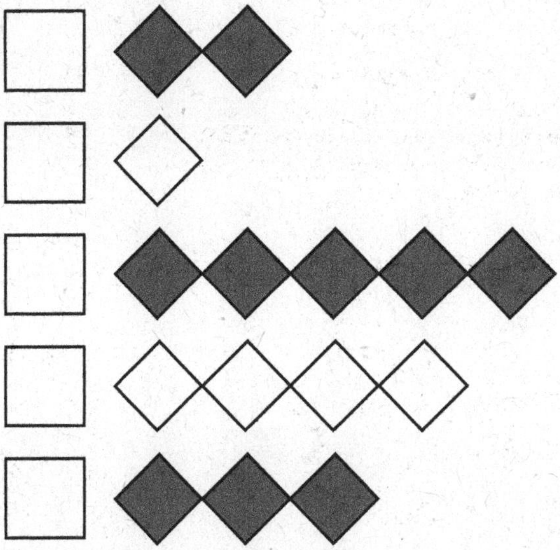

**2**

**3**

**4**
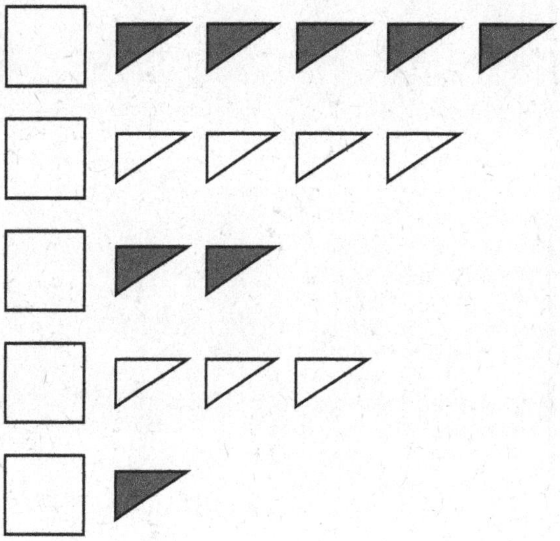

**5** Completa con los números del 1 al 20.

| | | | 4 | 5 | | | | | |
|---|---|---|---|---|---|---|---|---|---|
| | 12 | | | | | 17 | 18 | 19 | 20 |

**En la siguiente página** Dibuja 15 galletas.

Nombre ____________________

**3-11**
**Haz la tarea**

Nombre ______________________________

**1** Escribe el número. Dibújalo usando el grupo de 5.

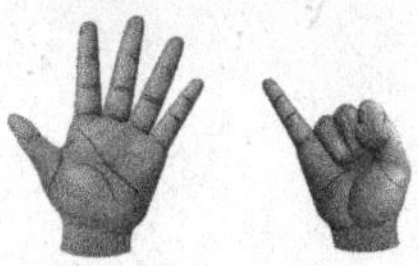 = ☐

○○○○○

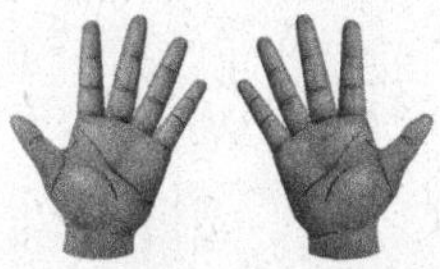 = ☐

○○○○○

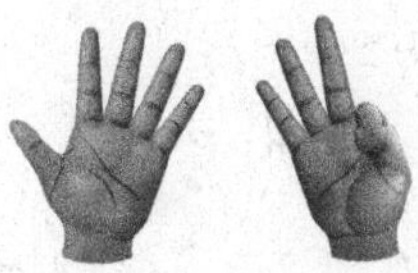 = ☐

○○○○○

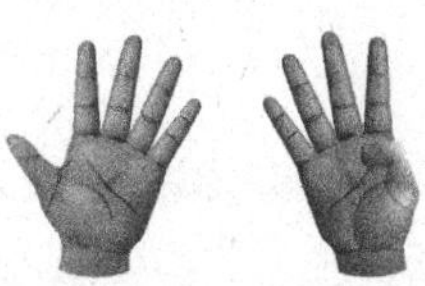 = ☐

○○○○○

**2** Usa el grupo de 5. Haz un dibujo para mostrar el número.

7 = ○○○○○    9 = ○○○○○

6 = ○○○○○    8 = ○○○○○

8 = ○○○○○    10 = ○○○○○

10 = ○○○○○    6 = ○○○○○

**3** Escribe el número.

○○○○○ ○○ = ☐    ○○○○○ ○○○○○ = ☐

○○○○○ ○○○○ = ☐    ○○○ = ☐

○○○○○ ○○○ = ☐    ○○○○○ ○○○○ = ☐

○○○○○ ○ = ☐    ○○○○○ = ☐



**En la siguiente página** Dibuja 16 bananas. Luego escribe los números del 1 al 16.

Nombre ______________________________

<table>
<tr><td></td><td></td><td></td><td></td><td></td><td></td><td></td><td></td><td></td><td></td></tr>
<tr><td></td><td></td><td></td><td></td><td></td><td></td><td>17</td><td>18</td><td>19</td><td>20</td></tr>
</table>

3-12
**Haz la tarea**

Nombre ____________________

Dibuja una X sobre la forma que no pertenece.

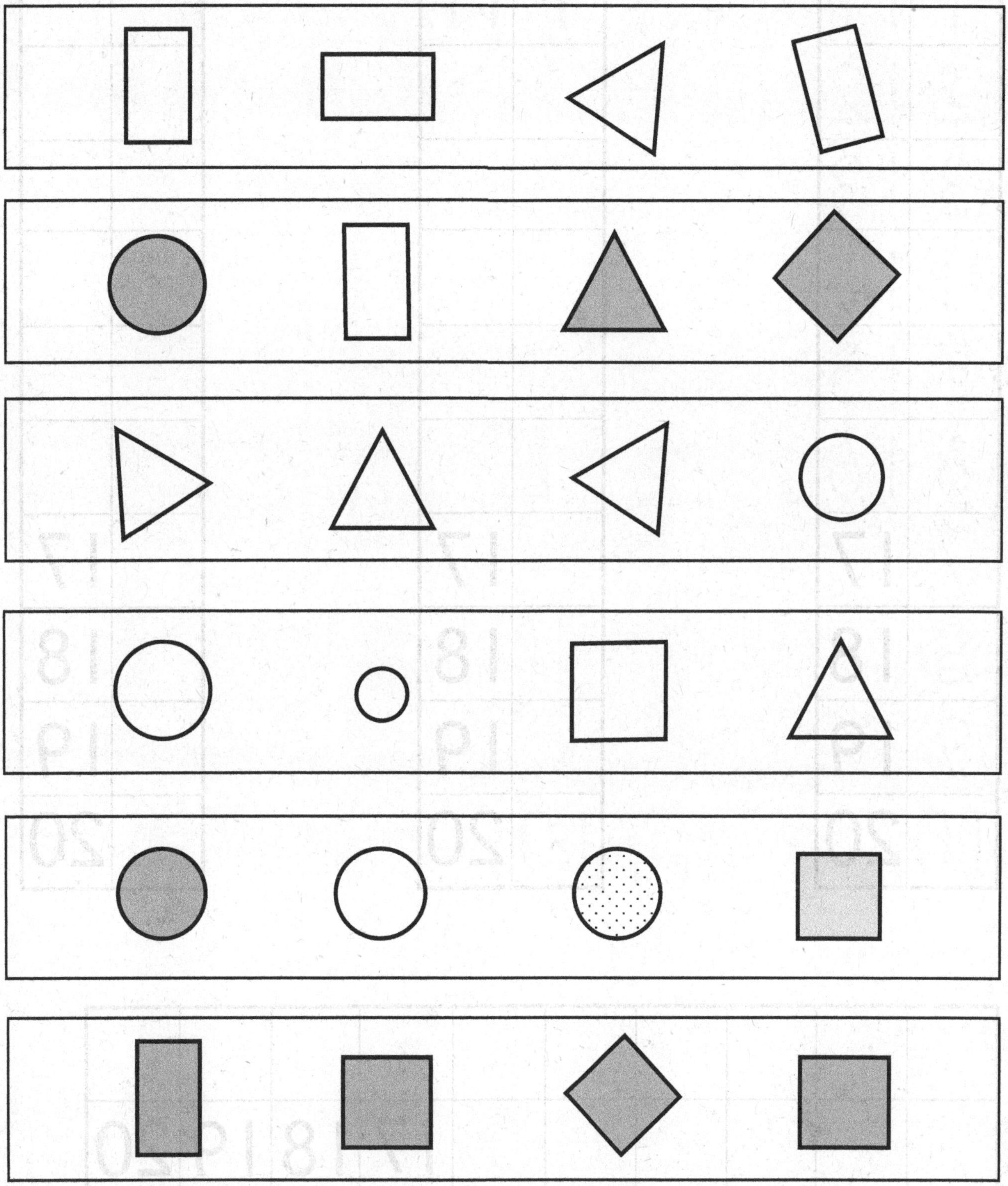



**En la siguiente página** Escribe los números del 1 al 16.

Nombre ______________________________

| | |
|---|---|
| 1 | 11 |
| 2 | 12 |
| 3 | 13 |
| 4 | 14 |
| 5 | 15 |
| 6 | 16 |
| 7 | 17 |
| 8 | 18 |
| 9 | 19 |
| 10 | 20 |

| | |
|---|---|
| 1 | 11 |
| | |
| | |
| | |
| | |
| | |
| | 17 |
| | 18 |
| | 19 |
| 10 | 20 |

| | |
|---|---|
| | |
| | |
| | |
| | |
| | |
| | |
| | 17 |
| | 18 |
| | 19 |
| | 20 |

| | | | | | | | | | |
|---|---|---|---|---|---|---|---|---|---|
| | | | | | | | | | |
| | | | | | | 17 | 18 | 19 | 20 |

**3-13**
**Haz la tarea**

Nombre ____________________

**1** Usa el grupo de 5. Haz un dibujo para mostrar el número.

10 = ○○○○○

7 = ○○○○○

8 = ○○○○○

5 = ○○○○○

6 = ○○○○○

9 = ○○○○○

**2** Escribe el número.

○○○○○ ○○○○ = ☐

○○○○○ = ☐

○○○○○ ○ = ☐

○○○○○ ○○○ = ☐

○○○○○ ○○○○○ = ☐

○○○○○ ○○ = ☐



**En la siguiente página** Dibuja una mano con 5 dedos para mostrar un grupo de 5. Luego escribe los números del 1 al 16.

Nombre ______________________________

| | | | | | | | | | |
|---|---|---|---|---|---|---|---|---|---|
| | | | | | | 17 | 18 | 19 | 20 |

**3-14**
**Haz la tarea**

Nombre ____________________

**1** Dibuja círculos para los números del 1 al 10. Muestra los grupos de 5.

| | |
|---|---|
| 1 | |
| 2 | |
| 3 | |
| 4 | |
| 5 | |
| 6 | |
| 7 | ○ ○ ○ ○ ○<br>○ ○ |
| 8 | |
| 9 | |
| 10 | |

**2** Usa el grupo de 5. Haz un dibujo para mostrar el número.

6 = ○ ○ ○ ○ ○

8 = ○ ○ ○ ○ ○

8 = ○ ○ ○ ○ ○

9 = ○ ○ ○ ○ ○

10 = ○ ○ ○ ○ ○

7 = ○ ○ ○ ○ ○

9 = ○ ○ ○ ○ ○

10 = ○ ○ ○ ○ ○

**3** Escribe el número.

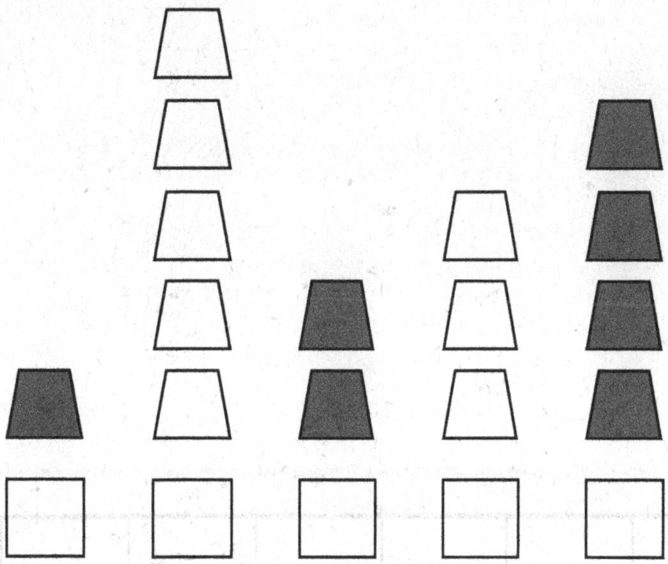



**4** **En la siguiente página** Dibuja 7 rectángulos diferentes. Luego escribe los números del 1 al 16.

Nombre ____________________

| | | | | | | | | | |
|---|---|---|---|---|---|---|---|---|---|
| | | | | | | 17 | 18 | 19 | 20 |

3-15
**Haz la tarea**

Nombre ______________________

Escribe el número.

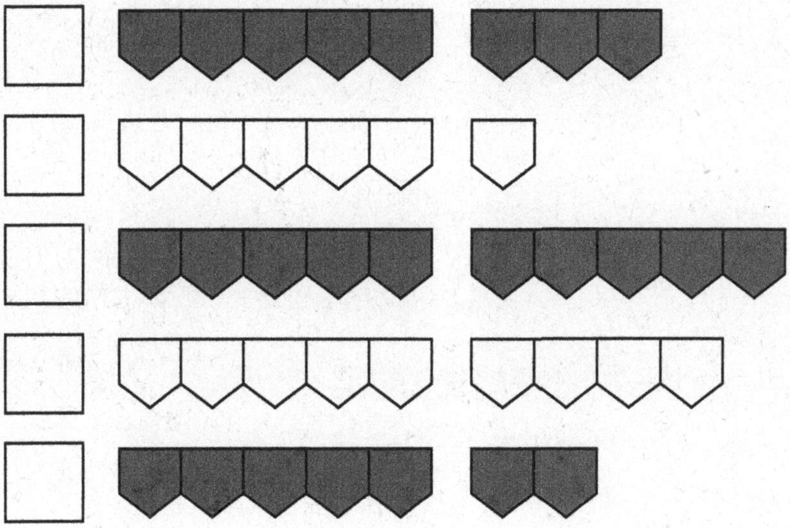

| 1 | | | | | | 7 | | | |
|---|---|---|---|---|---|---|---|---|---|
| | | 13 | | | | 17 | 18 | 19 | 20 |

**En la siguiente página** Dibuja 14 calcetines.

Nombre ____________________

**3-17**
**Haz la tarea**

Nombre ______________________

Dibuja círculos para mostrar las partes.

5

4 + 1

5

2 + 3

6

2 + 4

6

3 + 3

7

4 + 3

7

6 + 1



**En la siguiente página** Escribe los números del 1 al 10 de todos los tamaños posibles.

Nombre

**3-19**
**Haz la tarea**

Nombre ______________________

**1** Dibuja un círculo alrededor de un grupo de 10.

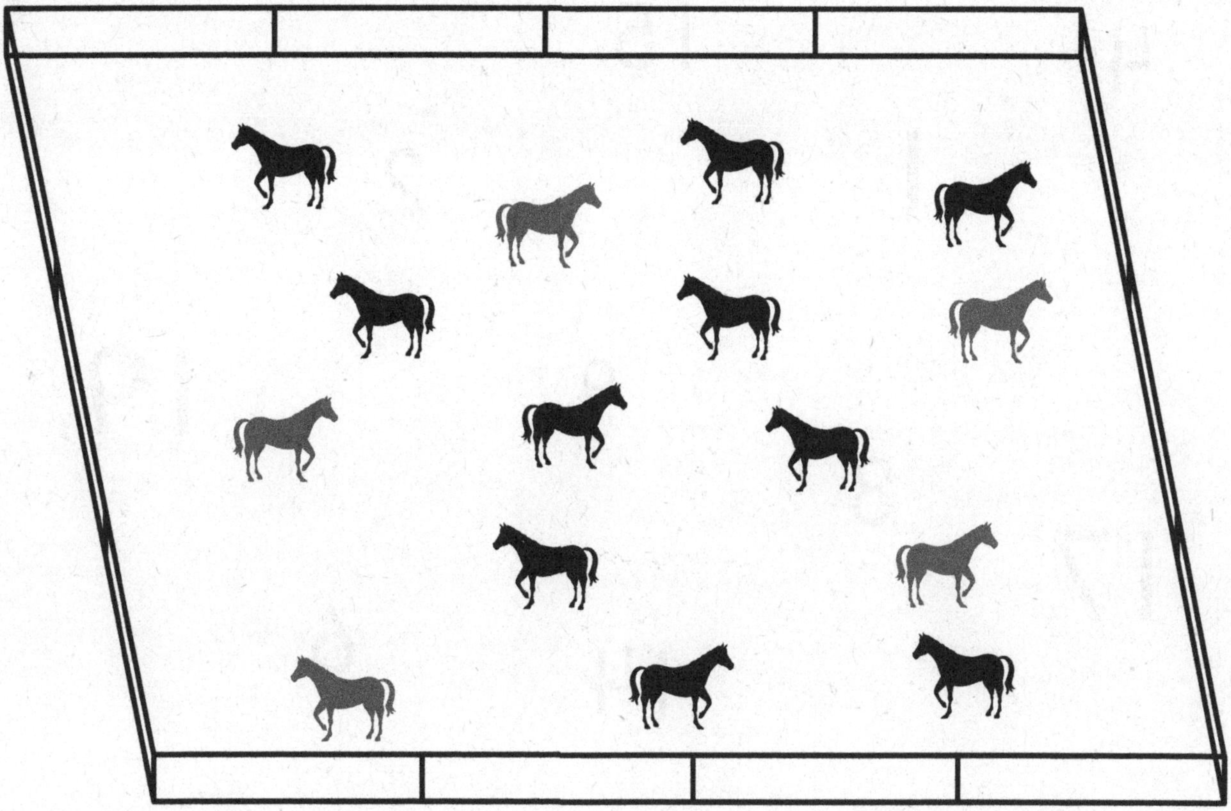

Cuenta cuántos hay en total. ______

**2** Dibuja 1 manzana por cada caballo.



**En la siguiente página** Dibuja un círculo alrededor de cada número del 11 al 19.

Nombre ______________________________

13

4 15

1 2

19

9

8

17

6

14

0 5

18

11 16 3

12

7

**3-20**
**Haz la tarea**

Nombre ______________________

**1** Escribe el número. Dibújalo usando el grupo de 5.

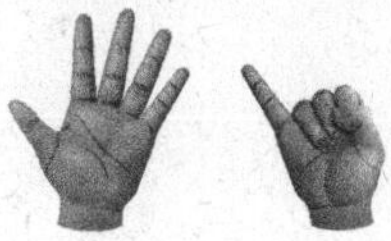 = ☐

○○○○○

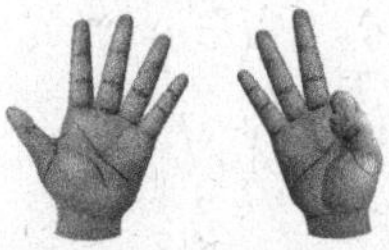 = ☐

○○○○○

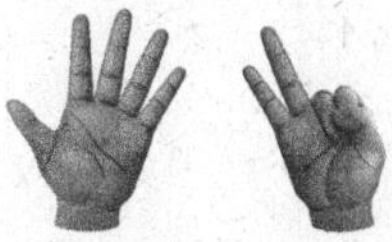 = ☐

○○○○○

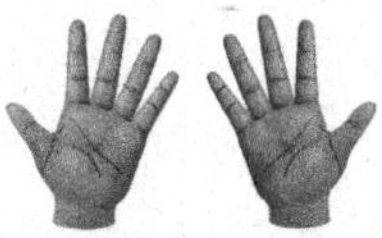 = ☐

○○○○○

**2** Usa el grupo de 5. Haz un dibujo para mostrar el número.

10 = ○○○○○ 8 = ○○○○○

6 = ○○○○○ 6 = ○○○○○

7 = ○○○○○ 8 = ○○○○○

9 = ○○○○○ 7 = ○○○○○

**3** Escribe el número.

○○○○○ ○○○ = ☐ ○○ = ☐

○○○○○ ○ = ☐ ○○○○○ ○○ = ☐

○○○○○ ○○ = ☐ ○○○○○ ○ = ☐

○○○○○ ○○○○ = ☐ ○○○○○ = ☐



**En la siguiente página** Usa formas para hacer un dibujo.

Nombre